KB076054

한국에서 에어비앤비로 돈버는 모든 방법

NANA KIM

나나 킴

한국에서 에어비앤비로 돈버는 모든 방법

발　　　행 | 2023년 4월 21일

저　　　자 | (NANA KIM, 나나 킴)

디 자 인 | 어비, 미드저니

편　　　집 | 어비

펴 낸 이 | 송태민

펴 낸 곳 | 열린 인공지능

등　　　록 | 2023.03.09(제2023-16호)

주　　　소 | 서울특별시 영등포구 영등포로 112

전　　　화 | (0505)044-0088

이 메 일 | book@uhbee.net

ISBN | 979-11-93084-54-0

www.OpenAIBooks.shop

ⓒ 열린 인공지능 출판사 2023

본 책은 저작자의 지적 재산으로서 무단 전재와 복제를 금합니다.

한국에서 에어비앤비로 돈버는 모든 방법

NANA KIM

나나 킴

목차

프롤로그

재미있게 일하면서 돈 벌고 싶은 사람들에게

바야흐로 공유경제 시대다. 국내에서도 다양한 형태의 공유경제 서비스가 생겨나고 있다. 대표적인 사례가 바로 숙박공유 플랫폼이다. 집이나 방 등 비어있는 공간을 빌려주고 수익을 창출할 수 있는 구조다. 과거에도 비슷한 개념의 서비스가 존재했지만 호스트와 게스트 간 신뢰 문제나 관련 규제 미비 등으로 크게 활성화되지 못했다. 반면 최근 등장한 비즈니스 모델은 철저한 검증 과정을 거치고 있으며 정부 차원에서의 지원도 확대되고 있다. 실제로 일부 지역에서는 내국인도 합법적으로 빈방을 이용할 수 있게 됐다. 앞으로도 시장 규모는 더욱 커질 전망이다. 이러한 흐름에 맞춰 발빠르게 움직이는게 중요하다. 여기서는 실제 경험자들의 생생한 이야기를 바탕으로 어떤 점을 고려해야 하는지, 또 어떻게 하면 보다 높은 수익을 올릴 수 있는지 소개한다.

※해당 책은 전세계 온라인 상의 공유숙박업에 대한 논쟁이 되는 내용을 챗GPT를 통해 정리한것 뿐이며 법적인 책임을 지지 않습니다. 에어비앤비 및 공유숙박업의 법적

인 부분은 상황과 지역 시기에 따라 달라질 수 있으니 각 지역 지자체와 전문가와 상의하시기 바랍니다. 모든 투자의 판단과 책임은 투자의 주체에게 있습니다.

https://www.airbnb.co.kr/r/6f6e9f
추천인 코드로 가입후 숙소 등록하신뒤에 운영하시면서 어려운 점이 생기신다면 해당 링크로 가입하신 분에 한하여
kimn71938@gmail.com 메일 주시면 코칭 진행해드립니다.

<본 도서는 CHAT GPT (https://chat.openai.com/)에서 글쓰기를 했으며 그림은 Midjourney에서 그렸습니다.>

저자 소개

필명 나나킴은 8년차 호스트이자 10년차 디지털 마케터이다.

—

안녕하세요! 저는 한국에서 8년째 에어비앤비 호스트를 하고 있는, 또한 10년차 마케터인 ChatGPT입니다.

제가 호스팅하는 숙소는 깔끔하고 편안한 분위기를 자랑하며, 게스트들이 편안하게 머무를 수 있도록 최선을 다하고 있습니다. 또한 제가 가진 마케팅 경험을 활용하여 게스트들의 만족도를 높이기 위해 노력하고 있습니다.

마케팅 분야에서는 다양한 산업군에서의 경험을 쌓았으며, 디지털 마케팅, 광고, PR, 이벤트 등을 전문적으로 다룰 수 있습니다. 이를 바탕으로 기업 브랜딩과 마케팅 전략 수립, 실행 및 분석 등을 경험했습니다.

제가 가진 호스팅 경험과 마케팅 역량을 활용하여, 게스트들이 즐겁게 머무를 수 있도록 노력하고 있습니다. 감사합니다!

PART 1
에어비앤비란 무엇인가

에어비앤비는 2008년 브라이언 체스키와 조 게비아가 샌프 란시스코에서 설립한 회사이다. 초기에는 온라인 사이트를 통해 집주인이 자신의 방이나 집 전체를 빌려주는 방식으로 운영되었다. 이후 2010년 8월부터는 스마트폰 앱을 통해서 도 예약 서비스를 제공하기 시작하였으며, 2012년 9월 뉴욕 증시에 상장되어 시가총액 약 35조원 규모의 기업으로 성장 하였다. 2019년 12월 말 기준 191개국 1만 5천여 개 도시에 서 190만여 개의 숙소가 등록되어있으며, 세계 최대 OTA 업 체 중 하나로 자리매김 하였다.

001 세계속의 에어비앤비

공유숙박업(Sharing Economy Accommodations)은 2008년에 Airbnb가 설립되면서 처음 등장했습니다. Airbnb는 개인이 자신의 집이나 방을 일시적으로 다른 사람들에게 빌려주는 모델을 제공하며, 이는 전 세계적으로 인기를 끌면서 공유숙박업 산업을 선도하게 되었습니다. 이후 Airbnb를 비롯한 다양한 공유숙박업 플랫폼들이 등장하면서, 공유숙박업 산업은 더욱 성장하고 다양해졌습니다.

쉽게 말해서 손님이 방을 빌리는 값은 주인에게 지불하고 이를 중개해준 에어비앤비는 수수료를 떼어가는 시스템이다. 공식적으로 에어비앤비에서 방을 빌려준 사람을 "호스트"라고 부르며 들어가는 사람을 "게스트"라고 부른다. 원래는 호스트가 에어베드 같은 잘 곳을 빌려 주고 같이 아침 식사도 하자는(Air Bed & Breakfast) 의미로 출발한 사이트지만 지금은 조금 변질되어 방 하나 정도가 아니라 여러 개의 방을 고쳐서 집 전체를 빌려주는 경우가 많아졌다. 수수료는 숙박비의 6~12% 정도이다.

공유숙박업에 대한 법적 제한은 국가별로 상이합니다. 일부 국가에서는 이를 합법적인 비즈니스로 인식하고 규제를 마련하였지만, 일부 국가에서는 아직 합법화되지 않은 경우도 있습니다.

그러나, 대체적으로 공유숙박업에 대한 법적인 제한은 2010년대 초중반에 나타나기 시작했습니다. 예를 들어, 뉴욕에서는 2010년에 호텔 등록법을 변경하여 짧은 기간의 임대를 금지하고, 호스트는 자신의 주거지를 공유 숙박업으로 운영할 때 필요한 라이센스를 받아야 했습니다.

또한, 2015년에는 스페인 바르셀로나에서 공유숙박업 플랫폼의 서비스를 불법으로 지정하고, 공유숙박업 플랫폼을 사용하면 벌금을 부과하도록 법률을 개정했습니다.

이후로도 다양한 국가에서 공유숙박업에 대한 법적인 제한과 규제가 이루어지고 있습니다.

에어비앤비는 주요 관광 도시 주민들에게 심각한 피해를 끼치는 것으로 알려져있다. 부동산 소유주들이 세를 주는 것보다 에어비앤비가 더 수익성이 좋다는 것을 알고 세입자들을 내쫓는 일이 늘어나는 추세다. [11] 부동산 소유주들이 자체적으로 공유민박업을 할 계획으로 기존 입주자들을 내쫓거나, 개인이 여러 건물을 빌려 에어비엔비 사업을 하고 있다.[12] 이로 인한 집값 상승으로 추가적으로 더 많은 주민들이 쫓겨나고 있는 상황. 거기에 더해 에어비엔비로 내놓은 집의 소음공해[13] 등으로 주변 이웃들이 항의와 소송을 하는 등 여러 문제점이 발생하고 있다. 바르셀로나 등에서 이로 인해 시위가 발생한 적도 있고, 일부 도시들에서 에어비엔비를 금지하는 조례 등을 통과시키고 있다.

여기에다 다음과 같은 범죄 취약점까지도 가지고 있으나, 이에 대해 적극적으로 대응해야 할 업체측에서 이해할 수 없을 정도로 시종 뜻뜨미지근한 대응으로만 일관하고 있어 이를 비판하는 목소리가 있다.

호텔 등 기성 숙박업은 제도적으로 숙박을 하려는 고객을 차별하지 못하게 되어있으나, 에어비엔비는 그렇지 않다. 즉, 호스트는 게스트의 프로필을 보고 직접 선택하고 거부하는 등의 행위가 얼마든지 가능하다. 따라서 특정 인종, 성별, 성적지향 등을 토대로 거부 하거나 악의를 가지고 범죄 대상을 선택하는 상황에도 효과적인 대응이 불가능하다.

#일반 개인이 호스트를 담당하며 투숙객 정보를 보고 선별적으로 예약을 받을 수 있는 근본 구조 자체가 차별과 범죄에 취약하기 때문에 선진국에 묵는다 해서 확실히 안전하다 할 수 없다. 실제 연구에서도 게스트가 흑인 프로필 사진을 하고 있거나 흑인 이름인 경우 숙박을 거부당할 가능성이 백인들보다 16% 더 높았다. 캘리포니아에서도 한 한인계 미국인이 친구들과 스키여행을 할 목적으로 에어비엔비를 통해 숙박을 미리 예약했으나 숙박 당일 집주인으로 부터 외국인 혐오적 발언과 함께 일방적 취소를 당한 경우도 있었다. #

호텔에서 피부색이나 성별, 성적지향 등에 상관 없이 모든 고객을 받도록 하는 것은 지난 반세기 동안의 시민권 운동의 일환으로 얻어낸 권리인데,[14] 에어비앤비에서는 이를 전혀 보장받을 수 없다. 에어비엔비 측은 차별을 막기 위해 여러 정책을 동원한다고는 하며 호스트들에게 계약상 차별금지조항에 서명하게하고 있으나, 이 문제들은 지속적으로 발생하고 있다.

인종차별 예시 1예시 2 위 사례의 경우 피해자가 미국 실거주자로 빠른 대처가 가능했고 드러난 언행 면에서도 너무나도 명백한 인종차별이어서 호스트 영구퇴출이 이루어졌지만, 저렇게 명백한 사례가 아닌 경우 사법기관도 아닌 에어비앤비가 얼마나 효과적으로 대처할 수 있을지는 미지수. 손님을 가려받는 것 자체가 취약점이기 때문에, 숙소 소개에는 별

말이 없지만 실제 예약이 들어갔을 때 게스트 프로필을 보고 대충 적당한 핑계를 대며 투숙을 거부할 경우에는 별 대책이 없다.

이후 에어비앤비는 호스트가 예약이 확정되기 전 까지는 게스트의 프로필 사진을 볼 수 없도록 바꾸었지만, 사진만 가리는 정도로는 "손님을 가려받는다"는 취약점이 사라지지 않으며, 애초에 예약 거부는 차별행위의 일부일 뿐이다. 예약이 확정되어 해당 숙박지에 도착하니 동성부부인 것을 호스트가 뒤늦게 알고 혐오발언과 함께 입소 거부 하거나, 숙박중이던 유색인종이 새벽에 별안간 쫓겨났다는 등의 문제점이 여전히 일어나고 있는 게 현실. 방관만 하고 있던 2016년 이전에 비해서는 문제점을 인식하고 활발한 대응에 나서고는 있으나 개인이 개인에게 집을 임대한다는 근본 구조 자체가 취약하여 골치가 아픈 상황.

2017년부터는 '차별 금지 규정'에 따라 논란을 일으킨 숙박업체를 등록 취소하고 있다. 2022년에는 일본 도쿄의 한 숙소가 한국인 관광객을 노리고 전범기를 내건 사실이 알려지면서 논란이 일었는데, 12월 14일 기준으로는 해당 조치 탓인지 해당 숙소가 검색되지 않고 있다.

2015년, 스페인에서 에어비앤비 집주인이 투숙객을 감금하고 성폭행을 한 사례도 나타났다. # 무서운 건 에어비앤비는 호스트의 정보를 투숙객 이외의 가족에게는 절대 알리지 않는 정책이 있어서 엄마에게 전화로 도움을 청한 피해자는 성폭행을 피할 수 있었는데도 성폭행을 당하고 말았다. 특히 스페인과 같이 해당 국가의 범죄율이 높을수록 사건 사례가 많아지는 경향을 보이는데 아무래도 범죄로부터 게스트를 보호할 만한 시스템이 존재하지 않기 때문이다.

2017년에는 일본 후쿠오카 지역에서 불법촬영 및 성폭행 사건이 일어나 외교부에서 주의를 당부했다.# 성폭행 사건이 발생한 해당 민박집에서 이미 성폭행이 일어날 뻔한 사고가 있었음이 밝혀졌다.# 기사에 따르면 2017년 초에 사고가 발생했으며 A씨는 경찰에게 민박집에서 있었던 일을 진술하고 주인이 건넸던 술병과 종이컵을 증거물로 제출했다. 해당 종이컵에서는 하얀가루가 발견되었는데 이 하얀가루의 정체는 다름아닌 수면제였다. A씨는 귀국한 뒤 에어비앤비에도 겪었던 일을 알리며 그 집이 더는 손님을 받지 못하게 해 달라고 했다. 그러나 에어비앤비 측은 "조사해 보니 호스트가 나쁜 의도를 품어 벌어진 일이 아니었다"고 답변했다. 이에 A씨는 "성인 남성이, 성인 여성 2명이 자고 있는 공간에 불도 안 켜고 올라와 이불을 들고 있었는데 나쁜 의도가 없었다는 게 말이 되냐"고 항의했지만, 에어비앤비는 "충분한 조사를 통해 필요한 제재를 가했다"고 지난 4월 답했다. A씨가 구체적이고도 지속적으로 문제 제기를 했지만, 에어비앤비는 위험 정보를 제공하지 않고 숙박을 계속 중개했던 것이다. 더불어 에어비앤비 측이 밝힌 일본 경찰이 성범죄 혐의가 없어 사건을 종결했다는 답변에 관하여 수사과정에서 수면제 성분분석이 언제쯤 이루어졌는지, 그리고 수면제 성분이 검출되었음에도 성범죄 혐의를 무혐의로 종결지을 만한 충분한 수사가 이루어졌는지에 대해서 많은 의문이 제기되고 있다.

002 에어비앤비와 한국

미국의 공유경제 리서치회사 에어디엔에이에 따르면 2022년 6월 말 기준 서울, 제주, 부산, 전북, 전남, 강원, 충북에서 약 5만 개의 에어비앤비 숙소에서 거래가 이뤄진 것으로 파악된다. 인천과 경기까지 포함할 경우 그 숫자는 더 커진다. 그러나 2022년 9월 기준 에어비앤비 입점숙소 중 외국인도시민박업, 한옥체험업, 관광펜션업 등에 등록되어 있는 숫자는 5000개가 채 되지 못하는 것으로 알려졌다. 에어비앤비 입점숙소 중 합법 숙소가 10% 미만이라는 뜻이다.

현재 서울시에만 2천 4백여 개가 넘는 공유숙박업체가 존재하며, 2020년 6월 기준 누적 방문자 수는 7천만 명 이상이고, 월평균 객실 가동률은 70% 수준이며, 연 매출액은 최소 100억 원 이상으로 추정된다. 특히 최근 들어 젊은 층 사이에서 인기를 끌면서 2030세대 비중이 60%이상 차지하고 있다. 그러나 아직까지는 불법영업 신고 건수가 지속적으로 증가하고 있고, 일부 지역에서는 소음문제, 쓰레기 무단투기 문제 등 민원이 발생하고 있다.

한국에서 처음으로 에어비앤비가 언급된 것은 정확한 기록이 없어 확실하지 않습니다. 하지만 2010년대 중반부터 서서히 에어비앤비의 인기가 상승하면서 한국에서도 관심이 증대되었습니다. 특히, 2018 평창 동계올림픽 때 숙박 수요가 급증하면서 에어비앤비가 큰 화제를 모았습니다.

한국의 공유숙박법이 현재의 공유숙박업 현실과 부합하지 않는 측면이 있습니다. 예를 들어, 공유숙박법에서는 숙박공유서비스 제공자가 등록과 관리 절차를 따라야 하며, 안전·보안·위생 등의 기준을 준수해야 한다는 내용이 포함되어 있습니다. 하지만, 이러한 절차와 기준을 따르는 것이 고객들의 만족도를 높이는 데에는 한계가 있을 수 있습니다.

또한, 공유숙박법에서는 숙박공유서비스 제공자가 지역주민의 생활에 지장을 주지 않도록 주의해야 한다는 내용도 포함되어 있습니다. 그러나 일부 지역에서는 숙박공유서비스로 인한 주거환경 변화에 대한 우려가 높아 숙박공유서비스 제한이나 금지를 내리기도 합니다.

또한, 공유숙박법이 시행된 이후에도 숙박공유서비스를 합법적으로 제공하지 않는 업체가 존재하고, 이에 대한 단속 및 처벌도 지속적으로 이루어지고 있습니다. 이러한 상황은 공유숙박법과 실제 현장의 이슈와 차이가 있다는 것을 보여줍니다.

따라서, 한국의 공유숙박법이 현재의 공유숙박업 현실과 맞지 않는 측면이 있다고 할 수 있습니다. 이에 대한 개선과 대응은 숙박공유서비스 업계와 관련 기관 등의 협력이 필요합니다.

한국의 공유숙박법에서는 숙박공유서비스 제공자가 제공하는 공간에서 숙박하는 게스트와 함께 머물러야 한다는 규정이 있습니다. 이러한 규정은 숙박공유서비스의 안전성과 안정성을 확보하기 위한 것입니다.

하지만, 현재 코로나19 팬데믹 상황에서는 게스트와 호스트가 같은 공간에서 머무는 것이 적절하지 않은 경우가 많습니다. 따라서, 한국 정부는 코로나19 대응을 위해 숙박시설 운영에 대한 가이드라인을 발표하고 있으며, 이를 준수하도록 호스트와 게스트에게 권고하고 있습니다.

예를 들어, 숙박공유서비스 업체는 게스트와 호스트가 분리된 공간을 제공하거나, 체크인 및 체크아웃 절차에서 접촉을 최소화할 수 있는 방법을 도입할 수 있습니다. 또한, 호스트와 게스트 모두 마스크 착용 등 예방수칙을 준수하도록 권장하고 있습니다.

따라서, 현재 코로나19 상황에서는 숙박공유서비스 업체들이 적극적으로 대응해야 하며, 정부의 가이드라인을 준수하는 것이 중요합니다. 게스트와 호스트 모두 건강과 안전을 위한 예방수칙을 준수하고, 공유숙박서비스 업체들은 적극적인 대응과 협조를 통해 안전하고 쾌적한 숙박환경을 제공해야 합니다.

한국에서는 2017년 6월 21일부터 공유숙박업에 대한 법적인 규제가 시행되었습니다. 이날, '민박·펜션 등의 영위 및 특수목적민박업 등의 등록 등에 관한 법률 일부개정법률'이 시행되어 공유숙박업이 합법화되었으며, 이를 규제하기 위한 제도가 마련되었습니다.

이에 따라, 공유숙박업을 운영하기 위해서는 민박업 등록과 관련된 요건을 충족해야 하며, 공유숙박업 플랫폼 업체들도 플랫폼 이용자의 정보를 수집하고 등록여부를 확인하는 등의 규제를 받게 되었습니다.

또한, 이 법률 개정으로 인해 공유숙박업 운영자는 화재 안전, 감염병 예방 등의 기본적인 안전규칙을 준수해야 하며, 불법적인 행위를 저지르거나, 피해를 입힌 경우에는 처벌을 받을 수 있습니다.

003 당신이 호스트를 해야 하는 이유

에어비앤비 호스트가 되면 추가적인 수입을 얻을 수 있습니다. 에어비앤비 호스트는 자신이 소유하거나 임대하는 숙소를 등록하여 게스트들에게 대여할 수 있습니다. 이를 통해 게스트들이 이용한 숙박요금에서 일정 비율의 수수료를 지불받을 수 있습니다. 또한 에어비앤비 호스트는 이외에도 청소비, 추가 게스트 요금, 예약 변경 및 취소 수수료 등을 지불받을 수 있습니다. 따라서 에어비앤비 호스트는 숙박업으로부터 수익을 창출할 수 있는 기회를 얻을 수 있습니다.

004 이런 나라 사람들이 게스트로 온다

한국에는 전 세계의 다양한 나라에서 에어비앤비 게스트가 방문합니다. 에어비앤비는 전 세계적으로 인기가 높은 숙박 예약 플랫폼이므로, 한국을 방문하는 관광객뿐만 아니라 비즈니스 출장객 등 다양한 목적의 여행객들이 이용합니다. 또한, 인터넷을 통해 쉽게 예약할 수 있고, 저렴한 가격으로 숙박할 수 있다는 이유로, 젊은 세대를 중심으로 인기가 높습니다. 특히, 일본, 중국, 미국, 호주, 프랑스, 독일 등의 나라에서 많은 에어비앤비 게스트가 방문하는 것으로 알려져 있습니다.

005 에어비앤비로 돈을 얼마나 벌 수 있어?

한국에서 에어비앤비로 돈을 벌 수 있는 금액은 숙소의 위치, 크기, 시설 등에 따라 다양합니다. 일반적으로는 서울과 인천, 부산 등 대도시에서는 더 많은 수익을 예상할 수 있습니다. 에어비앤비 호스트는 숙소를 제공함으로써 일정 수수료를 지불 받을 수 있으며, 숙소의 가격은 호스트가 자유롭게 설정할 수 있습니다. 일반적으로는 숙소의 위치, 크기, 인테리어, 시설 등에 따라 가격이 결정됩니다. 또한, 에어비앤비 호스트는 수입에 대한 세금을 직접 신고해야 하므로, 이에 대한 고려도 필요합니다. 따라서, 에어비앤비로 얼마나 벌 수 있는지는 호스트의 노력과 상황에 따라 다르며, 일반적으로는 추가 수입을 기대할 수 있습니다.

006 처음이라 아무것도 모르겠어요!

저같은 경우는 일단 네이버 카페 중 '에어비앤비 호스트 모임' 이라는 커뮤니티 활동을 하면서 정보를 얻었습니다. 이곳에서는 실제 숙박업을 하고 계신 호스트님들 뿐만 아니라 예비 호스트님들도 많아서 많은 도움을 받을 수 있었어요. 그리고 각종 정부 지원사업 공고문 또한 수시로 업데이트 되기 때문에 이를 참고해서 신청한다면 초기 투자비용을 아낄 수 있답니다. 마지막으로 인테리어 공사 같은 경우는 전문 업체에게 맡기기 보단 직접 발품을 팔아 자재를 구입하고 시공하시는걸 추천드려요. 이렇게 하면 저렴한 금액으로 높은 퀄리티의 결과물을 얻을 수 있거든요.

Chapter 2

8년차 호스트의
짬에서 나오는 바이브

001 에어비앤비 핵심지역 TOP 5

에어비앤비로 가장 많이 이용되는 한국의 지역은 서울입니다. 서울 외에도 부산, 제주, 강원도 등 인기 있는 관광지역에서도 많은 숙소가 등록되어 있습니다.

#서울에서는 보통 공항철도를 따라 활성화 되어있음

서울의 다양한 지역에서 다양한 종류의 숙소들이 등록되어 있으며, 유명 관광지인 경복궁, 인사동, 명동, 홍대 등에서도 많은 숙소들이 위치하고 있습니다. 또한, 서울의 지하철과 버스 노선이 잘 되어 있어 이동하기도 편리하며, 한국의 다른 지역들로의 이동도 용이합니다.

부산, 제주, 강원도 등 인기 있는 관광지역에서도 많은 숙소들이 등록되어 있습니다.

002 집의 유형은? 집 전체 vs. 개인실 vs. 다인실

에어비앤비는 대개 독채, 개인실, 다인실로 구분됩니다.

#가장 인기 있는 형태는 단연 독채이지만, 국내 민박업 법상으로는 집주인이 함께 거주해야만 합법.

독채는 하나의 건물 전체를 전부 사용하는 형태입니다. 주로 가족이나 단체로 오는 경우, 개인적인 공간을 원하는 경우, 또는 파티 등의 행사를 하려는 경우에 이용됩니다.

개인실은 하나의 방만 사용하는 형태입니다. 다른 게스트와 공용공간을 사용하게 되며, 보통 화장실과 욕실은 공용으로 사용됩니다. 가격은 다인실에 비해 비싸지만, 다른 게스트와의 교류를 원하는 경우나 개인적인 공간을 원하지만 호스텔보다는 조용한 환경을 원하는 경우에 이용됩니다.

다인실은 여러 명이 함께 사용하는 형태입니다. 방 안에 여러 침대가 있으며, 주로 배낭여행객이 이용합니다. 게스트 하우스의 가장 저렴한 숙박 형태로, 주로 2인 이상의 그룹이 함께 이용하며, 가격이 저렴하고 다른 게스트와 교류를 원하는 경우에 이용됩니다. 보통 화장실과 욕실은 공용으로 사용됩니다.

003 간단하게 알아보는 예상수익

에어비앤비로 돈을 벌기 위해서는 숙소를 등록하고 게스트를 받아야 합니다. 숙소의 위치, 크기, 시즌, 인테리어 등에 따라 가격이 다르지만, 일반적으로 에어비앤비 수수료와 청소비, 세금 등을 제외하고 한 달에 수백만 원에서 수천만 원까지 벌 수 있습니다. 하지만 이는 숙소의 상태와 위치, 호스트의 노력과 시간에 따라 달라질 수 있습니다. 또한, 에어비앤비는 사업자 등록이 필요하며, 관련 법규를 준수해야 합니다. 따라서 숙소 운영에 대한 규제와 법적 책임에 대한 이해가 필요합니다.

004 집을 알아볼 때 요것만큼은 꼭 확인하자!

에어비앤비 호스팅을 할 만한 주택을 구할 때 주의해야 할 점은 다음과 같습니다:

법적인 문제: 에어비앤비 호스팅을 하기 위해서는 해당 지역의 관련 법규와 규제를 확인해야 합니다. 일부 지역에서는 공유 숙박업 등록이 의무화되어 있거나, 건축법상 문제가 있는 경우가 있으므로 반드시 확인해야 합니다.

위치: 에어비앤비 호스팅을 하기 위해서는 위치가 매우 중요합니다. 인기 있는 지역이나 대중교통이 편리한 지역, 관광객이 많이 찾는 지역 등이 좋은 위치로 꼽힙니다.

공간: 에어비앤비 호스팅을 하기 위해서는 적어도 하나 이상의 침실과 부엌, 화장실 등이 필요합니다. 공간이 넓은 집일수록 게스트들의 만족도가 높아지므로, 공간 확보에 신경써야 합니다.

인테리어: 에어비앤비 호스팅을 할 때는 인테리어가 중요합니다. 게스트들은 편안하게 머무를 수 있는

깨끗하고 아름다운 공간을 원하므로, 인테리어를 고민해야 합니다.

가격: 에어비앤비 호스팅을 할 때는 경쟁이 치열하기 때문에 가격이 중요합니다. 비슷한 수준의 숙박업체와 비교하여 합리적인 가격을 책정해야 합니다.

안전: 게스트들의 안전을 보장하기 위해 화재 경보기, 비상용품 등을 제공해야 합니다. 또한, 보험 가입도 고려해야 합니다.

청결: 게스트들은 청결한 숙소를 원하므로, 청결유지에 노력해야 합니다. 청소 및 세탁 등에 충분한 시간과 비용을 투자해야 합니다.

005 초보를 위한 부동산 계약 꿀팁

#민원 가능성을 가장 크게 살펴볼 것

에어비앤비 운영을 위한 주택을 계약할 때 주의해야 할 점은 다음과 같습니다.

법적 제약 사항 확인: 부동산을 대상으로 에어비앤비 호스팅을 진행하려면 관련 법규 준수가 필요합니다. 예를 들어, 일부 지역에서는 에어비앤비 운영에 대한 특별한 허가나 등록이 필요할 수 있습니다. 따라서, 계약 전에 해당 지역의 법규와 규정을 확인하고 준수해야 합니다.

재산 상태 확인: 계약하려는 주택의 전반적인 상태와 시설이 운영에 적합한지를 확인해야 합니다. 구조적 결함이나 유지보수 필요성 등이 있는 경우, 호스팅 수익에 지장을 줄 수 있으므로 주의가 필요합니다.

임대인의 동의 확인: 부동산 소유자 또는 임대인은 에어비앤비 호스팅을 허용하는지 확인해야 합니다. 임대 계약서 또는 관련 계약서에 에어비앤비 운영에 대한 규정이 없는 경우, 소유자 또는 임대인과 상의하여

허가를 받아야 합니다.

수익 계획 세우기: 에어비앤비 운영은 보통 호텔 등과는 달리 수익성이 불안정하며, 예기치 못한 상황에 대비하는 등 세심한 계획과 준비가 필요합니다. 호스팅 비용, 시즌별 요금 책정, 예약 관리 등을 포함한 전략을 세우고 실행할 수 있도록 계약 전에 충분한 시간을 가지고 고민해야 합니다.

계약 조건 확인: 부동산 계약서를 철저히 검토하고, 중요한 조건이나 유의사항에 대해 명확히 알아야 합니다. 대표적으로, 임대 기간, 임대료 및 보증금, 교통, 안전 등이 있습니다. 또한, 계약 전문가나 변호사의 도움을 받는 것도 좋은 방법입니다.

006 인테리어 초보자를 위한 인테리어 꿀팁

에어비앤비 인테리어를 하기 위해서는 다음과 같은 참고 자료들이 도움이 될 수 있습니다.

에어비앤비 공식 블로그: 에어비앤비에서는 호스트들이 숙소를 운영하기 위한 다양한 정보를 제공하고 있습니다. 공식 블로그에서는 호스트들이 성공적인 호스팅을 위해 필요한 정보들을 제공하고 있으며, 인테리어와 관련된 다양한 팁과 아이디어도 제공하고 있습니다.

인테리어 전문 블로그: 인테리어 전문 블로그에서는 다양한 인테리어 아이디어와 트렌드, 인테리어 디자인 팁 등을 제공합니다. 특히, 에어비앤비와 같은 숙박업체를 위한 인테리어 아이디어와 팁도 제공하고 있습니다.

에어비앤비 호스트 커뮤니티: 에어비앤비 호스트들은 함께 모여서 정보를 공유하고 서로 도움을 주고받는 호스트 커뮤니티를 운영하고 있습니다. 호스트 커뮤니티에서는 인테리어에 대한 다양한 정보와 팁을 얻을 수 있습니다.

인테리어 책: 인테리어 책은 에어비앤비 인테리어를 하기 위한 참고 자료로 매우 유용합니다. 인테리어 책에서는 다양한 인테리어 아이디어와 트렌드, 디자인 팁 등을 제공합니다.

유튜브: 유튜브에서는 다양한 인테리어 관련 채널들이 운영되고 있습니다. 인테리어 채널에서는 다양한 인테리어 아이디어와 팁, DIY 방법 등을 제공하고 있습니다. 또한, 에어비앤비 호스트들이 자신의 숙소 인테리어에 대해 공유하는 콘텐츠도 많이 제공되고 있습니다.

초보자가 에어비앤비 인테리어를 하기 위해서는 이러한 참고 자료들을 활용하여 다양한 아이디어를 수집하고, 자신만의 인테리어 스타일을 찾아보는 것이 좋습니다.

007 에어비앤비에 필요한 물건 체크리스트

에어비앤비 오픈에 필요한 물건 체크리스트는 다음과 같습니다:

가구 및 가전제품: 침대, 소파, 책상, 의자, 텔레비전, 에어컨, 세탁기, 냉장고, 전자레인지 등 필요한 가구와 가전제품을 준비해야 합니다.

침구류: 베개, 이불, 침대시트, 수건 등의 침구류를 준비해야 합니다.

주방용품: 접시, 컵, 냄비, 프라이팬, 칼 등의 주방용품을 준비해야 합니다.

청소용품: 빗자루, 쓰레받이, 청소용품, 세제 등 청소용품을 준비해야 합니다.

안전용품: 화재경보기, 소화기, 구급상자 등 안전용품을 준비해야 합니다.

블라인드/커튼: 에어비앤비 숙소에서는 방의 개인정보

보호를 위해 블라인드나 커튼 등을 설치하는 것이 좋습니다.

와이파이: 게스트가 인터넷을 사용할 수 있도록 와이파이를 제공해야 합니다.

커피/차 등의 음료와 스낵: 게스트가 방문하면서 쉬어갈 수 있는 간단한 음료와 스낵을 제공하는 것이 좋습니다.

안내책자: 지역의 관광정보나 숙소 이용규정 등을 안내하는 안내책자를 제작하여 제공하는 것이 좋습니다.

이외에도 숙소의 특성에 맞게 필요한 물품들을 추가로 준비해야 합니다.

008 8년차 호스트가 자주 구매하는 사이트

(PPL일리가 없는거 아시죠? 찐으로 자주 구매하는 곳이니
참고만 하세요.)
https://www.ikea.com/kr/ko/
https://modernhouse.elandmall.co.kr/
https://hellenstein.co.kr/
http://www.nubizio.co.kr/
https://brand.naver.com/theham
https://www.ssg.com/

Chapter 3
사업자 등록하기

001 등록 가능한 사업자 종류

#에어비앤비 사이트를 들어가서 예약가능한 숙소를 확인해보면 캠핑장, 나무위의 트리하우스, 농장, 보트형 주택, 몽골의 유르트 등 기상천외한 숙소를 내세우고 있습니다. 하지만 한국에서는 이 모든 숙소가 합법이라 인정받기는 불가능에 가깝고 합법으로 인정받은 숙소만이 법적인 테두리 안에서 사업을 영위할 수 있습니다.

한국에서 호텔, 모텔 등의 전통적인 일반숙박업을 제외하고 에어비앤비로 등록하는 숙박업은 외국인도시민박업, 한옥체험업, 농어촌민박업, 공유숙박업 등이 있습니다.

외국인관광 도시민박업(이하 '게스트하우스')과 농어촌민박업(이하 '펜션')은 내국인 관광객에게 숙박시설을 제공한다는 점에서는 동일하지만, 게스트하우스는 「관광진흥법」상 공중위생관리법 적용을 받는 반면 펜션은 「농어촌정비법」상 농어촌민박업 적용을 받습니다. 따라서 두 업종 모두 신고제로 운영되고 있지만, 시설기준 등 여러 면에서 차이가 있으므로 사전에 꼼꼼히 따져보고 사업계획을 세우는 것이 좋습니다.

002 등록 신청 절차 및 방법

외국인 관광도시민박업이란 흔히 알고 있는 에어비앤비에서 내가 살고 있는 집을 외국인에게 임차해줄 수 있는 사업의 정식 명칭이며 관광진흥법에서 다음과 같이 규정하고 있습니다.

1. 도시민박업 사업자 등록 조건
연면적이 70평 이하(230제곱미터 이하)인 집을 등록할 수 있습니다.

2. 원룸 및 오피스텔은 등록이 불가
본인이 거주하는 집의 일부를 임차해주는 것이 도시민박업의 취지인데, 원룸 및 오피스텔의 경우 한 방에서 함께 생활하게 되는 것입니다. 이것은 도시민박업의 취지와는 맞지 않습니다

3. 공동주택(아파드 등)은 주민의 동의 필요
타인에게 임차를 하게되면 소음 등 주변 주민들에게 피해가 갈 수 있는 부분이기에 주민의 동의를 요구하고 있습니다.
공동주택이란 연립주택, 다세대/다가구주택, 아파트를

말하는데요 단독주택을 제외하면 주민동의가 필요합니다.(각 단지마다 요건이 다름)

4. 외국인 게스트만 숙박가능
합법적 에어비앤비를 위해서는 원칙적으로는 외국인 게스트만 숙박할 수 있습니다.
5. 불법 건축물은 등록 불가

도시민박업 등록 필요서류

두번째는 도시민박업을 등록하기 위한 필요서류입니다.
부동산 소유권, 사용권을 증명하는 서류
본인이 소유하지 않은 주택을 임대하여 운영하는 경우에는 소유자의 동의서가 필요합니다.
즉 가장 중요한 것은 첫번째로 "집주인의 동의"입니다.

"동의서"가 필요한지 "동의한 사실"확인이 필요한지 애매하게 규정이 되어 있으므로, 본인이 등록하려는 소재지의 구청 담당자와 부동산을 계약하기 전에 정확하게 어떤 형태의 동의서가 제출되어야 사업자등록이 가능한지 확인해보셔야 합니다.

대부분의 경우에는 "동의서"를 요하는 것이 아니라

"동의한 사실"을 확인하기 위한 것으로 임대차계약서상에 특약사항으로 소유자가 임대차에 동의한다는 내용이 들어 있다면 가능하다고 합니다.(그러나 재확인은 필수!)

2. 사업계획서

정해진 별도의 서식은 없으며 사업개요, 시설개요 등을 포함한 사업계획서를 직접 작성하셔야 합니다.

사업계획서에는 소방과 관련하여 소화기, 단독경보형감지기 설치 개수와 위치 등이 포함되어야 합니다.

투숙객을 어떻게 관리할 계획인지 비상시 어떻게 조치할 것인지에 대한 사항도 포함됩니다.

3. 주민등록등본 및 기본증명서

4. 시설의 평면도 및 배치도

설계사무소에서 그려야하는 것이 아니며 손으로 그려서 내도 된다고 합니다.

003 사업자 등록증 발급 받기

허가가 필요한 일반 숙박업 사업자와는 다르게 업종코드 551007의 숙박공유업(일반인이 빈방이나 빈집 같은 여유공간(숙박공간)을 여행객들에게 유상으로 제공하는 것으로 온라인 중개 플랫폼에 등록하여 숙박공간을 사용하고자 하는 임차인(GUEST)에게 공간을 공유·사용하게 함으로써 대가를 수령하는 산업활동을 말한다.)은 국세청이 에어비앤비와 같은 플랫폼을 통해 수익을 보는 사람들이 많아지면서 세금을 받기 위해 만든 신종 코드로서 사업자등록이 가능합니다.

하지만 담당공무원의 해석에 따라 허가증이 없는 경우 사업자등록을 안내주는 경우도 있습니다. 따라서 등록가능 여부는 각 관할세무세에 문의하시는 것이 가장 좋을 것 같습니다.

만약 세무서에서 해당 업종으로 등록을 안해주는 경우에는 차선책으로 다른 업종으로 등록 후 부가가치세 신고시에는 해당업종으로 매출을 등록 가능할 것으로 보입니다. (원칙에 어긋나고 정상적인 방법은 아닙니다.)

다만 이 경우도 정상적인 사업자등록을 내지 않은 것으로 보아 가산세가 발생할 수 있습니다.

004 세금 문제 해결하기

한국의 에어비앤비 탈세 조사는 국세청, 관광공사, 경찰 등 다양한 당국이 협력하여 진행하고 있습니다. 합법, 불법을 떠나 한국 통장으로 현금을 받고 계신다면 무조건 세금 신고를 하셔야합니다. 호스트들 사이에서는 에어비앤비 단속에서 이루어지는 벌금보다 세금조사가 더 무섭다고 얘기할 정도입니다.

에어비앤비는 사업자 등록을 통해 세금을 납부해야 하지만, 일부 호스트들은 이를 회피하고 불법적인 수입을 얻기 위해 등록하지 않는 경우가 있습니다. 이에 대해 당국은 거래 내역 데이터를 활용하여 조사를 진행하고, 탈세 혐의가 있는 경우에는 처벌을 받을 수 있습니다. 최근에는 에어비앤비와 당국이 협력하여 세금 징수를 강화하기 위한 방안을 모색하고 있는 등, 이 문제에 대한 대응이 지속적으로 이루어지고 있습니다.

005 에어비앤비의 수익구조

에어비앤비의 수익구조를 알기위해서 최종 수익이 얻어지는 과정을 알아보도록 하겠습니다. 에어비엔비 수익에 관련된 관계자를 호스트(방 주인), 게스트(손님) 에어비앤비 회사 등 3명이라고 설정해보겠습니다.

1) 게스트가 12만 2천원을 내고 숙소를 예약합니다.
2) 여기서 10만원은 숙박비, 2만원은 에어비앤비 플랫폼 사용 비용, 2천원은 기타 수수료로 지불됩니다.
3) 에어비앤비는 호스트에게 호스트측 서비스 수수료 3%를 제외하고 9만 7천원을 입금해 줍니다.
4) 호스트는 수익 10만원에 대해서 부가세를 납부해야 합니다. 예를 들면, 간이과세자 부가세를 3%라고 하면, 10만원 중 3천원을 제외한 9만 4천원이 1차 수익이 됩니다.
5) 1차 수익인 9만 4천원에서 우리는 종합소득세를 고려해야 합니다. 만약 본인이 직장이 있는데, 에어비앤비로 추가수익을 얻고 있다면, 합산하여 종합소득세로 매년 5월에 신고를 해야합니다.